AF296113

4°R
1248

...e syndicale des Ouvriers & Employés des Chemins de fer français

SIÈGE SOCIAL: 9, cité Riverin, Paris

5ᵐᵉ CONGRÈS NATIONAL

Devant se tenir à Paris, les 24, 25, 26 et 27 Mai 1894

ORDRE DU JOUR:

1° Vérification des pouvoirs ;
2° Nomination des Commissions ;
3° Rapport du Conseil d'Administration ;
4° Rapport de la Commission de Contrôle ;
5° Modifications au Règlement du Congrès ;
6°   — aux Statuts ;
7°   — au Règlement général intérieur
8° Questions d'ordre intérieur du Syndicat ;
9° Nomination de membres du Conseil d'Administration et de la Commission de Contrôle ;
10° Création d'une Caisse de Prévoyance ;
11° Revendications (Modifications et Adjonctions) ;
12° Délibération sur le résultat des démarches aux Compagnies ;
13° Budget de 1894-1895 ;
14° Questions, propositions diverses et vœux.

PARIS
IMPRIMERIE NOUVELLE (ASSOCIATION OUVRIÈRE)
11, RUE CADET, 11

1894

1° VÉRIFICATION DES POUVOIRS

Les délégués doivent se présenter au Congrès, à la salle qui sera indiquée ultérieurement, le jeudi 24 mai, à neuf heures du matin, munis d'un pouvoir portant le cachet de la section et la signature du secrétaire ; si celui-ci est délégué, le pouvoir doit porter également la signature d'un autre membre du bureau.

Ce pouvoir sera ainsi conçu :

« La section de ...., comptant .... syndiqués, réunie en assemblée générale le ...., « salle ...., a désigné, pour la représenter au 5ᵉ Congrès national de la corporation, le « citoyen ...., matricule n° ....
« ...., le .... 1894.

                « Le secrétaire de la section. »

Conformément aux usages établis dans tous nos Congrès, c'est au moyen de ces pouvoirs que se fera la vérification.

Avant d'adopter le rapport que présentera la commission de vérification des pouvoirs, le Congrès devra se prononcer sur la proposition ci-après, des sections de la Rochelle, Paris-Ouest R. G. et Tergnier, et sur une autre connexe présentée par les sections de Nancy et du Mans. Voici la première proposition :

Les sections qui, à fin mars 1894, n'auront pas effectué le versement de leurs cotisations de l'année 1893, ne seront pas admises à se faire représenter au 5ᵉ Congrès national.

La proposition des sections de Paris Ouest R. G. et de Tergnier différait de celle de la Rochelle, en ce que dernière demandait le vote immédiat, nous avons donc consulté les sections ; voici le résultat du vote :

ONT VOTÉ POUR CETTE PROPOSITION :

Achères.	Creil.	Marseille.	Saint-Étienne.
Alger.	Dijon.	Mohon-Charleville.	St-Pierre-des-Corps.
Angers.	Epernay.	Montluçon.	Saint-Pol.
Angoulême.	Evreux.	Paris-Ouest R. D.	Ségré.
Bressuire.	Flers.	Paris-Ouest R. G.	Somain.
Brive.	Genève.	Paris P.-L.-M.	Sotteville.
Caen.	Gisors.	Périgueux.	Tergnier.
Castres.	Langeac.	Quimper.	Terrenoire.
Chaumont.	La Rochelle.	Reims.	Vendôme.
Cognac.	La Roche-sur-Yon.	Rennes.	Versailles.
Coutras.	Lons-le-Saunier.	Rive-de-Gier.	Vierzon.

ONT VOTÉ CONTRE CETTE PROPOSITION :

Bordeaux-Midi.	Nancy.	Paris-Nord.
Le Mans.	Nantes.	Saintes.

Dans un numéro du journal, nous avions donné, en partie, le résultat du vote sur la proposition de la Rochelle, Tergnier et Paris-Ouest R. G., et nous engagions les sections à nous faire connaître leur avis, les réponses n'étant pas en nombre suffisant pour que le vote soit valable.

On nous a fait observer que le vote devait être considéré comme définitif et acquis, en raison des termes de l'article 10 du Règlement général intérieur, qui est ainsi conçu :

« Toute décision du conseil d'administration pouvant engager la corporation ne sera définitive qu'autant « qu'elle aura été approuvée par la majorité des sections prévenues quinze jours à l'avance

« *Seront considérées comme s'abstenant sur la question*, les sections qui, recevant une proposition, n'auront « pas répondu dans la quinzaine qui suivra l'envoi, sans excuse valable. »

Bien qu'il ne s'agisse pas ici d'une proposition émanant de l'initiative du conseil, l'objection qui nous est faite avait sa valeur ; néanmoins, nous nous sommes excusés de n'avoir pas fait connaître plus tôt, par suite d'un oubli que nous regrettons, une proposition de la section de Nancy qui, à titre d'amendement, modifie la première proposition. Voici cette nouvelle proposition, présentée par Nancy et qui se rencontre avec une analogue présentée par le Mans :

Contrairement à la proposition de la Rochelle, nous demandons que les sections qui n'ont pas versé soient entendues pour qu'elles donnent des explications que le Congrès appréciera.

En conséquence de cette nouvelle proposition, nous croyons équitable de mettre le Congrès lui-même en mesure de donner son avis sur cette grave question.

D'autre part, la section de Saintes, en votant contre la proposition de Tergnier, Paris-Ouest R. G. et la Rochelle, estime que cette proposition est inutile, attendu que le conseil d'administration est suffisamment armé pour obliger à payer les sections qui se trouveraient dans ce cas, et que de plus, les syndiqués de ces sections n'ont jamais dû autoriser leur Comité à conserver les fonds provenant des cotisations; s'il en était ainsi, le Conseil aurait pour devoir de considérer ces sections comme ne faisant plus partie de l'Association.

2° NOMINATION DE COMMISSIONS

Les membres délégués à nos Congrès antérieurs ont pu se rendre compte de la lenteur des discussions dans lesquelles on perdait un temps précieux, par suite d'un défaut de méthode.

Il nous paraît nécessaire de procéder, à partir de cette année, de la même manière que dans tous les Congrès ouvriers, politiques ou corporatifs.

A la première séance, il est nommé autant de commissions qu'il y a de questions différentes à l'ordre du jour du Congrès.

Ces commissions se réunissent séparément, examinent les rapports écrits *que les délégués ont déposé par avance* sur les différentes questions, entendent les observations que désirent présenter verbalement les délégués faisant partie ou non de la commission, puis, après s'être ainsi inspirées, dans le calme de l'étude et non dans l'ardeur d'une discussion, de l'opinion qui paraît se dégager dans le Congrès, les commissions nomment chacune un rapporteur.

Celui-ci, dans son rapport, relate aussi clairement et succinctement que possible, les arguments qui ont été présentés à la commission, verbalement ou par écrit, pour ou contre les propositions à l'ordre du jour. Puis le rapporteur conclut, soit à l'adoption, soit au rejet, soit encore à la modification des propositions qui étaient soumises à l'examen de la commission dont il faisait partie.

Après lecture du rapport sur une question, **une discussion générale est ouverte**; le rapport relate tous ou presque tous les arguments que les délégués ont à faire valoir, il en résulte que la discussion ne demande pas beaucoup de développements.

Lorsque la clôture de la discussion générale est prononcée, **nul ne peut plus prendre la parole**, même pour faire des propositions nouvelles.

La commission se réunit à nouveau, modifie son rapport, s'il y a lieu, puis le président met aux voix les conclusions de la commission, qui ne peuvent être modifiées que par des amendements déposés par écrit, **sans discussion**. Les amendements sont toujours mis aux voix avant la proposition présentée par la commission.

L'expérience a démontré que cette méthode était pratique ; mais, pour qu'elle soit parfaite, **il est indispensable** que les délégués déposent sur le bureau du Congrès, ou que les sections fassent parvenir au siège avant la date du Congrès, des rapports **distincts** sur chacune des questions sur lesquelles les sections ont des observations ou des amendements à présenter.

En conséquence, et si le Congrès adopte notre manière de voir, il y aura lieu de nommer les commissions ci-après, quand la vérification des pouvoirs sera faite, en dehors bien entendu des autres commissions que le Congrès pourrait juger à propos de nommer :

1° Commission des règlements et statuts ;
2°   —   des questions d'ordre intérieur du Syndicat ;
3°   —   de la caisse de prévoyance ;
4°   —   des revendications ;
5°   —   chargée du rapport sur le résultat des démarches aux Compagnies ;
6°   —   du budget de 1894-1895 ;
7°   —   des questions diverses et vœux.

Les commissions seront de cinq, sept ou neuf membres, selon ce que décidera le Congrès.

Pour faciliter leur tâche et activer les travaux du Congrès, dont l'ordre du jour est excessivement chargé, nous engageons instamment les sections à nous adresser ou à préparer des rapports pour remettre aux sept commissions ci-dessus désignées.

Pour cela, il suffira de découper les propositions contenues dans la présente brochure, de les coller sur des feuilles de papier, par attribution de commissions, et d'indiquer en regard de chacune de ces propositions, l'avis de la section, la critique formulée s'il y a lieu, et, au besoin, l'amendement présenté.

Mettre en tête de chacun des rapports ainsi établis : « **Rapport de la section de** _______, **présenté à la commission de** _______ . »

3° RAPPORT DU CONSEIL D'ADMINISTRATION

Le rapport du conseil d'administration, contenant la situation morale et financière de l'exercice écoulé, ainsi que le résumé des travaux faits depuis le dernier Congrès, des affaires judiciaires ou d'arbitrage suivies, leur résultat, etc., sera adressé aux sections avant la date fixée pour le Congrès, de manière qu'elles puissent l'examiner pour présenter des observations s'il y a lieu.

Nous joindrons à ce rapport un exemplaire de celui de l'année dernière pour pouvoir établir une comparaison.

4° RAPPORT DE LA COMMISSION DE CONTROLE

Ce rapport sera également envoyé à toutes les sections avant le 5ᵉ Congrès.

5° MODIFICATIONS AU RÈGLEMENT DU CONGRÈS

ADJONCTION A L'ART. 5. — Pour les sections de cent membres et au-dessous, le siège social viendra en aide, jusqu'à concurrence de la moitié des frais de déplacement et de séjour des délégués au Congrès.

Actuellement, le règlement du Congrès stipule que les frais de déplacement et de séjour des délégués au Congrès sont supportés par les sections, mais que pour les délégués appartenant à un réseau n'aboutissant pas à Paris, le siège supporte les frais de voyage sur la ligne qu'ils sont obligés d'emprunter pour venir au Congrès, si ces délégués n'ont pas eu de permis sur cette ligne.

* *

MODIFICATION A L'ARTICLE 14. — Les sociétaires, dont la candidature ne sera pas présentée par leur section, ne pourront pas être nommés administrateurs ni membres de la Commission de contrôle.

L'article 14 du règlement du Congrès est ainsi conçu : « Le Congrès peut réélire un sociétaire dont le mandat est expiré, quand même il ne figurerait pas sur la liste des candidats présentés par les sections de Paris. »

6° MODIFICATIONS AUX STATUTS

ARTICLE PREMIER. — Il est formé entre les ouvriers et employés de chemins de fer qui adhèrent aux présents statuts, une association fraternelle de solidarité qui prend le nom de « Chambre syndicale des ouvriers et employés des chemins de fer de **France et des Colonies** ».

Il y a lieu de supprimer les mots : « Fédération générale des Travailleurs des chemins de fer de France et des Colonies, » qui, s'ils subsistaient, pourraient faire considérer notre organisation comme une union de syndicats, ce qui la priverait de certains avantages. D'autre part, ce mot « Fédération » est contraire aux décisions des Congrès antérieurs qui ont décidé que notre Chambre syndicale serait une et indivisible.

* *

ART. 3. — Mettre : est **admis** comme adhérent, etc., au lieu de : est **accepté** comme adhérent, etc.

***

Art. 4, 5 et 7. — Mettre : le comité **d'études** de chaque section, au lieu de : le comité de section.

***

Art. 8. — Supprimer cet article qui est contraire à la loi ; il est ainsi conçu : Tout sociétaire ne faisant plus partie des Compagnies de chemins de fer peut rester membre de la Chambre syndicale et y occuper des fonctions.

***

Art. 10. — Ajouter les paragraphes ci-après :

Les femmes gardes-barrières, dont le mari est syndiqué, seront exemptes de payer leurs cotisations.

Tout syndiqué ayant payé régulièrement ses cotisations et qui, par suite de maladie prolongée, sera dans l'impossibilité de verser ses cotisations, en sera exonéré. Il sera néanmoins considéré comme étant à jour de ses cotisations.

***

Art. 11. — Modifier comme suit le 2e alinéa :

Les sections feront leur versement à la succursale de la Société générale de leur localité et feront inscrire ces versements au compte de la Chambre syndicale, ouvert sous le n° 3491, au bureau M, à Paris ; elles enverront au siège le reçu qui leur aura été délivré.

***

Art. 12. — Ajouter : Aucun agent gradé ne pourra occuper de fonctions électives au Syndicat.

***

Art. 13. — Les membres du conseil d'administration sont nommés pour un an ; ils sont rééligibles.

L'article 13 actuel est ainsi conçu : « La durée du mandat des membres du conseil est de trois ans ; le conseil devra être renouvelé annuellement par tiers, les membres sortant rééligibles. »

« Les délégués élus en remplacement de ceux qui, pour une raison quelconque, auront cessé leur mandat, entreront dans la série de ceux qu'ils remplaceront, et leur mandat sera renouvelé avec cette série. »

***

Art. 14 (1er alinéa). — Supprimer les mots : « et renouvelable par tiers annuellement ».

***

Art. 14. — La commission de contrôle propose d'ajouter les paragraphes suivants :

A. — La commission de contrôle nomme un ou deux délégués qui doivent assister régulièrement aux séances du conseil d'administration.

Ils ne devront intervenir en rien dans les discussions du conseil, en tant qu'administration, si ce n'est que pour signaler un abus ou une faute relevant de la direction intérieure de la Chambre syndicale. Mais, en temps que finances, ils sont autorisés à prendre part à la discussion, mais non au vote.

Le conseil d'administration croit devoir faire remarquer que les séances du conseil sont publiques pour les syndiqués ; les membres de la commission de contrôle peuvent donc y assister ; par conséquent, il ne nous paraît pas utile de consacrer ce droit qu'ont tous les syndiqués ; cela semblerait faire une exception pour la commission de contrôle et priver les autres syndiqués de ce même droit. Au surplus, cette commission peut, si cela lui convient, déléguer régulièrement un de ses membres à nos séances, comme elle l'a déjà fait, d'ailleurs, sans que nous formulions la moindre objection.

Mais la commission de contrôle ne nous paraît pas s'être bien rendu compte de la portée de sa proposition en demandant à intervenir dans les discussions du conseil.

    Ce serait abandonner imprudemment son droit de critique, car si son délégué n'est pas intervenu dans une décision sujette à contestation, nous nous demandons si elle osera critiquer plus tard ce qu'elle n'a pas empêché quand elle le pouvait.

    La commission de contrôle ne doit pas sortir de ses attributions ; son rôle est de contrôler et non d'administrer ; le conseil est responsable devant le Congrès des décisions qu'il prend, et la commission de contrôle, sans responsabilité à ce sujet, ne doit pas intervenir dans ses délibérations.

    B. — Si, par des votes successifs, le conseil outrepassait ses droits en votant des sommes de nature à grever le budget, la commission de contrôle aurait le droit, sitôt le rapport de ses délégués au conseil d'administration, de réunir le conseil de surveillance.

    C. — Ce conseil est formé de tous les secrétaires et trésoriers des sections de Paris, il se réunit tous les trois mois pour prendre connaissance des rapports que pourrait lui présenter la commission de contrôle, rapports résultant des relations de la commission de contrôle avec le conseil d'administration.

    Ce conseil de surveillance pourra, s'il le veut, nommer un délégué pour assister aux séances du conseil d'administration et faire consigner au procès-verbal de la séance ses observations.

    Il a surtout pour but d'exercer sur le conseil d'administration un pouvoir de censeur et d'éviter, par ses décisions, l'appel que la commission de contrôle pourrait faire à un Congrès : Il est le gardien des décisions des Congrès.

    Si la proposition qui précède était prise en considération, la commission de contrôle n'existerait plus ou du moins n'aurait plus de raison d'être. Déjà, dans sa première proposition, cette commission se retire le droit de critique et maintenant elle veut se décharger de sa responsabilité de contrôle sur un conseil de surveillance qui, dans ses attributions, que nous verrons plus loin, aurait un pouvoir supérieur au conseil d'administration lui-même.

    Or le Congrès, c'est-à-dire l'ensemble des sections, qui nomme un conseil responsable pour exécuter ses ordres et administrer la Chambre syndicale, ne voudra certainement pas qu'un deuxième conseil, un sénat au petit pied, issu comme celui-ci d'un suffrage restreint, soit le **gardien de ses décisions.**

    D. — Le conseil de surveillance sera régulièrement convoqué par les soins du secrétaire de la commission de contrôle, au commencement de chaque trimestre ; les jetons de présence et les dépenses de ses délégués seront prélevées sur le budget de la commission de contrôle.

    E. — De par les pouvoirs qui sont conférés à la commission de contrôle, et même au délégué du conseil de surveillance, ils pourront de concert convoquer extraordinairement le conseil de surveillance s'ils croyaient que le conseil d'administration ait engagé les finances de la Chambre syndicale dans une affaire ou par une décision susceptible de les compromettre. En ce cas le conseil de surveillance mis au courant des motifs qui auront motivé son intervention, aura le droit de **maintenir ou d'annuler SANS APPEL** les décisions prises par le conseil d'administration.

    F. — Toutefois, la convocation extraordinaire du conseil de surveillance ne pourra être faite que dans les cas prévus au paragraphe **B.** Pour les dépenses de moindre importance et contre lesquelles le délégué de la commission de contrôle ou celui du conseil de surveillance aura cru devoir protester, ces protestations seront enregistrées par les délégués qui auront à les soumettre au conseil de surveillance qui, lui, notifiera par un blâme ou l'ordre du jour pur et simple à l'adresse du conseil d'administration, sa oui ou non approbation. Le secrétaire général ou, à son défaut, un membre du conseil d'administration, sera toujours convoqué pour expliquer, par devant le conseil de surveillance, les raisons qui ont guidé le conseil d'administration dans l'application des votes contestés.

    À l'issue de chaque réunion du conseil de surveillance, il sera fait un procès-verbal dont il sera donné lecture lors de la réunion du Congrès.

G. — Toutes les fois qu'il sera fait appel au conseil de surveillance, il devra être convoqué et se réunir dans la huitaine et le conseil d'administration suspendra l'effet de sa délibération jusqu'au prononcé du conseil de surveillance.

Le conseil de surveillance aura également le droit de vérifier les livres de la comptabilité et, au besoin, de stimuler la commission de contrôle dans le cas de négligence.

H. — Le conseil de surveillance, d'accord avec la commission de contrôle, pourra réunir un Congrès dans le cas où le conseil d'administration ne tiendrait pas compte de ses décisions et qu'il aurait gravement compromis les intérêts de la Chambre syndicale.

Le dernier paragraphe de l'article 14 des statuts ainsi modifié est abrogé.

Comme on le voit, le conseil de surveillance se substituerait tantôt au conseil d'administration, tantôt à la commission de contrôle; chacun des trois pouvoirs n'aurait aucune responsabilité; en cas de conflit ou de mauvaise gestion, le conseil d'administration et la commission de contrôle pourraient se dégager et le Congrès se trouverait en présence du conseil de surveillance qui n'aurait pas de responsabilité propre, en raison de son origine.

Nous disions plus haut que ce conseil de surveillance aurait un pouvoir plus grand que celui du conseil d'administration; mais bien mieux, sa puissance serait supérieure à celle du Congrès lui-même, puisqu'il aurait le droit de maintenir ou d'annuler **SANS APPEL** les décisions prises par le conseil d'administration.

Pour nous résumer, nous demandons au Congrès de repousser purement et simplement les propositions de la commission de contrôle et de maintenir à cette commission ses attributions actuelles qu'elle semble ne pas avoir bien comprises.

*
* *

ART. 16. — Les sections nomment un comité d'études composé d'autant de membres qu'il sera nécessaire.

L'article 16 actuel est ainsi conçu : « Les sections sont administrées par un comité composé d'autant de membres qu'il sera nécessaire au bon fonctionnement de la section. »

*
* *

ART. 17. — Ce comité choisit dans son sein un ou plusieurs membres chargés des correspondances et des rapports avec le siège social, ainsi que des envois de fonds.

L'article 17 actuel est ainsi conçu : « Le bureau de chaque section se compose d'un secrétaire, d'un trésorier et d'un archiviste. »

*
* *

ART. 18. — Les receveurs font partie du comité d'études de la section; ils sont nommés par leur section réunie en assemblée générale.

Actuellement les statuts ne disent pas que les receveurs font partie du comité de section.

*
* *

ART. 22. — Par suite d'une proposition que l'on trouvera plus loin à la question de la « Caisse de prévoyance », le Congrès peut-être aura à se prononcer sur la suppression de cet article ainsi conçu :

Si un sociétaire venait à être revoqué pour service rendu à la Chambre syndicale, une indemnité pourrait lui être accordée après enquête.

*
* *

ART. 23. — Ajouter : Les modifications apportées par le Congrès engagent tous les sociétaires.

7ᵉ MODIFICATIONS AU RÈGLEMENT GÉNÉRAL INTÉRIEUR

ARTICLE PREMIER.—La Chambre syndicale est administrée par un conseil d'administration, siégeant à Paris; celui-ci autorise la formation des sections dans toutes les localités ayant au moins cinquante membres, conformément aux statuts.

Voici la teneur de l'article 1ᵉʳ actuel : « La Chambre syndicale est administrée par un conseil d'administration siégeant à Paris, et les sections par un comité dans toutes les villes renfermant au moins cinquante membres, conformément aux statuts. »

La modification demandée à cet article, de même que plusieurs proposées plus loin et également aux statuts, a pour but d'éviter le dépôt à la préfecture, de tous les noms des membres des comités de sections ; le texte de nos statuts et de notre règlement semble donner aux membres des comités de sections des fonctions d'administrateurs ; c'est pour cela qu'il y a lieu de faire cesser cette équivoque.

****

ARTICLE PREMIER. — Ajouter : Tout administrateur, ayant manqué, sans excuses valables, à trois séances consécutives du conseil ou de la commission dont il fait partie, sera considéré comme démissionnaire, après une lettre d'avis restée sans réponse satisfaisante.

****

ART. 2. — Le conseil d'administration est l'exécuteur des décisions prises par le Congrès; les comités d'études des sections, prévus aux articles 16, 17 et 18 des statuts, doivent se conformer à ces décisions et les faire observer dans leur section.

L'article 2 est ainsi conçu : Le conseil d'administration et les comités de sections sont les exécuteurs des décisions prises par le Congrès.

****

ART. 4. — Le conseil d'administration est composé d'un bureau et de **cinq** commissions formées chacune par cinq membres : 1ᵒ **commission d'initiative**; 2ᵒ commission de propagande; 3ᵒ commission d'arbitrage; 4ᵒ commission de finances; 5ᵒ commission du journal.

La modification demandée consiste à ajouter une communication dite « d'initiative », pour décharger les commissions de propagande et d'arbitrage d'une partie de la besogne qui leur incombe.

****

ART. 4. — Ajouter :
Ces commissions se réunissent au moins une fois par semaine.
Aucun administrateur ne pourra refuser de faire partie d'une de ces commissions s'il est désigné pour cela par le vote de ses collègues.
Les membres du bureau ne font partie des commissions qu'à titre consultatif.

Les deux premiers paragraphes dont nous proposons l'adjonction ont pour |but d'assurer la présence des administrateurs aux commissions.
Le dernier paragraphe est proposé à la place de l'article 5 ci-après :

****

ART. 5. — Supprimer cet article, ainsi conçu :
Le secrétaire général et le secrétaire adjoint font partie de ces commissions.

En remplacement de cet article, nous avons proposé un paragraphe additionnel à l'article 4 ci-dessus, disant que les membres du bureau ne font partie des commissions qu'à titre consultatif.

Les commissions, il est vrai, ne prennent pas de décisions ; les propositions envoyées à leurs études doivent être ensuite soumises aux votes du Conseil.

Il importe néanmoins que les membres du bureau ne puissent, par leur présence, déplacer la majorité au sein de ces commissions et leur faire adopter des rapports qui ne réflèteraient que la manière de voir de leur minorité réelle. Pour cela nous proposons que le bureau ait seulement voix consultative dans les commissions.

***

Art. 5 (additionnel). — La commission d'initiative est chargée de l'étude des projets de loi réglementant le travail, de celle des documents concernant la production, la consommation, les grèves, etc.; elle prépare les ordres du jour des réunions du Congrès et du conseil ; elle étudie les projets de modifications à apporter aux statuts et règlements, ainsi que les propositions émanant de l'initiative des sections.

Ainsi que nous l'avons dit plus haut (art. 4) en demandant la création d'une commission d'initiative, cette commission aura comme attributions, une partie des travaux des commissions de propagande et d'arbitrage.

La commission de propagande ayant toujours limité son rôle à la préparation des réunions de propagande, nous proposons de lui laisser son fonctionnement actuel et de créer cette commission d'initiative qui aurait pour mission d'étudier les projets de loi et propositions de toutes sortes émanant de l'initiative du conseil ou des sections, c'est-à-dire que ses attributions se composeraient d'une partie des attributions actuelles de la commission de propagande et d'une partie de celle de la commission d'arbitrage, l'abondance des affaires judiciaires suffisant à donner un travail considérable à cette dernière commission.

***

Art. 6. — La commission de propagande organise les réunions et les tournées de propagande, ainsi que les fêtes.

***

Art. 7 (1er alinéa). — Supprimer dans le premier paragraphe, le passage suivant : « a pour devoir l'élaboration des projets de lois réglementant le travail et les conseils de prud'hommes ».

Le premier paragraphe serait donc le suivant :

La commission d'arbitrage jugera les différends entre les sociétaires et leur section ; elle sera à la disposition des sections ayant des difficultés avec leur Compagnie. En cas de conflit, deux membres de la section intéressée seront adjoints à titre consultatif à cette commission.

***

Art. 7 (2e alinéa). — La commission d'arbitrage est également chargée de l'étude des affaires judiciaires **qui, toutes, doivent être suivies par le siège**.

Les derniers mots sont présentés comme modification de cet alinéa.

L'organisation existant actuellement au siège garantit, dans la mesure du possible, la bonne marche des affaires qui lui sont confiées ; la création d'un service de contentieux a rendu cette année d'importants services, par la célérité apportée à la correspondance relative aux affaires judiciaires, et par l'activité qui en est résultée pour la marche des procès.

Si toutes les affaires étaient suivies au siège, il serait possible de faire mieux encore au grand intérêt des sociétaires.

D'autre part, certaines sections prennent prétexte de leur dépenses judiciaires faites ou à faire, pour conserver par devers elles des fonds qui doivent être envoyés au siège ; cet état de choses crée un danger permanent pour le Syndicat et peut, faute de fonds au siège social, arrêter son fonctionnement.

Nous comprenons très bien le sentiment qui guide les sections qui désirent suivre elles-mêmes les procès ; elles s'y intéressent, les suivent avec passion, et il en résulte parfois que, par sympathie pour un camarade, elles engagent une affaire douteuse au détriment même de l'intéressé, et surtout au préjudice de toute l'Association.

***

Art. 7 (3e et 4e alinéas). — En cas d'accident ou d'un différend, les sections informeront le siège social, lui donneront tous les renseignements utiles, et, dans des cas déterminés, que le conseil d'administration appréciera, pourront demander que le procès soit plaidé au tribunal de leur région.

***

Art. 7 (5e alinéa). — Lorsque, sur l'avis de nos avocats, un procès est engagé, la Chambre syndicale fait l'avance des honoraires d'avocat et de la provision à verser à l'avoué.

Si le procès est gagné, les honoraires d'avocat et d'avoué, avancés par le Syndicat, devront lui être remboursés par le syndiqué ou ses ayants droit. Quant aux frais de procédure, ils sont supportés par la partie perdante.

En cas de perte du procès, les frais de toute nature sont à la charge du Syndicat ; il en est de même lorsque le procès n'avait pas pour but une demande d'indemnité.

En conséquence, au début d'une affaire, les syndiqués ou leurs ayants droit devront donner au Syndicat un pouvoir pour suivre l'affaire en leur nom et s'engager par écrit, à rembourser, **en cas de gain du procès,** le montant des frais qui n'incomberont pas à la partie perdante.

La modification demandée ci-dessus a simplement pour but de compléter le 5e alinéa de l'article 7, qui n'a pas été compris par bien des sections. Il était ainsi conçu : « *Les cotisations continuent à être envoyées au siège social ; en cas de perte, celui-ci supporte les frais du procès ; ces frais sont retenus par la section sur ses envois trimestriels.* »

Il est évident que si, en cas de perte, le siège social supportait les frais, cela voulait dire qu'en cas de gain, ces frais étaient à la charge de l'intéressé.

Or, plusieurs sections, qui ont suivi elles-mêmes leurs affaires, ont fait supporter par le siège les frais d'un procès gagné. Il importe donc que le règlement dissipe, par sa précision, l'équivoque qui s'est produite ; car, si on continuait de semblables errements, la caisse du Syndicat, alimentée par de très faibles cotisations, serait bien vite épuisée.

Une autre proposition a été faite relativement au payement des frais des procès, en opposition avec celle développée ci-dessus. Voici cette contre-proposition :

Quand un procès sera gagné, la Chambre syndicale supportera tous les frais quand l'indemnité obtenue ne sera que de 5,000 francs et au-dessous.

Pour toute indemnité de 5,000 à 10,000 francs, le syndiqué remboursera la moitié des frais jusqu'à concurrence de 5 0/0 de l'indemnité touchée.

Pour toute indemnité au-dessus de 10,000 francs, le syndiqué supporte tous les frais. Cependant, si ces frais dépassaient 500 francs, le surplus sera payé par moitié entre le syndiqué et la Chambre syndicale.

Il est bien entendu que, si le procès est perdu, c'est la Chambre syndicale qui supportera tous les frais.

***

Art. 7. — Supprimer les 7e et 8e alinéas ainsi conçus :
« Les sections de tout un département ou d'une même
« région pourront se réunir et n'avoir que le même conseil
« judiciaire.
« Les affaires soumises au siège par les sections n'ayant
« pas constitué un conseil judiciaire seront plaidées à Paris
« par les soins du conseil judiciaire de la Chambre syn-
« dicale. »

***

Art. 7 (adjonction). — A l'avenir, tout procès, quelle qu'en soit l'issue probable, sauf les questions d'indélicatesse, sera poursuivi devant les tribunaux, à seule fin de faire cesser une quantité d'abus qui existent actuellement du fait de nos employeurs ; ce sera certainement un avantage incontestable au point de vue de la corporation.

Contrairement à ce que pense la section qui présente cette proposition, nous estimons que ce serait agir avec bien peu de discernement que d'engager tous les procès, bons ou mauvais, qui nous seraient confiés et que, loin de faire cesser les abus, un procès ainsi engagé pourrait les perpétuer en leur donnant la sanction d'un arrêt.

Nous devons, en toutes circonstances, nous employer à créer des **précédents juridiques** ; mais si, par suite d'un procès engagé à la légère, ce précédent est créé à l'avantage de la Compagnie, le bénéfice que nous retirerions de ce procès serait bien contestable. Nous persistons à croire qu'il faut toujours nous en rapporter à l'avis de nos avocats.

* *

ART. 7 (adjonctions). — La commission d'arbitrage se fera représenter aux réunions mensuelles du conseil judiciaire.

Cette commission fournira trimestriellement un rapport écrit au conseil d'administration ; ce rapport indiquera l'état où se trouvera à ce moment chaque affaire.

Le conseil sera avisé, au moins huit jours à l'avance, et par les soins de la commission d'arbitrage, du jour et du lieu des plaidoiries, pour qu'une délégation assiste aux débats et entende les plaidoiries des avocats.

* *

ART. 8. — La commission de finances s'occupe de la réception générale des fonds et de leur placement ; elle vérifie les notes, les livres de comptabilité et la caisse. Elle est chargée de la partie administrative du journal.

L'article 8 était ainsi conçu : « La commission des finances, dont font partie le trésorier général et le trésorier adjoint, a pour devoir la réception générale des fonds, leur placement dans un lieu fixé par le Congrès, le payement de toutes sommes ordonnancées par le conseil. »

* *

ART. 9. — Supprimer dans la première phrase : « de la partie administrative du journal », cette attribution étant dévolue à la commission de finances par la proposition ci-dessus.

* *

ART. 9 (4e alinéa). — Supprimer la phrase suivante : « Les sections recevront gratuitement des exemplaires du journal pour distribuer aux membres du comité et aux receveurs de chaque section. »

La section qui a fait cette proposition s'est rendu compte de la dépense énorme qui, de ce chef, incombait au siège. Nous devons dire qu'il est distribué chaque semaine 1,485 exemplaires gratuits, ce qui fait, en y comprenant les frais de main-d'œuvre pour l'expédition et l'affranchissement, une dépense de 60 francs environ par numéro, soit 3,120 francs par an.

* *

ART. 12. — Pour couvrir leurs frais de correspondance, de réunions, etc., les sections conservent 0 fr. 50 par cotisation et n'envoient que 0 fr. 50 au siège social.

Au point de vue de la propagande, les conférences faites par le conseil d'administration seraient moins coûteuses si elles étaient faites par des membres des sections qui n'auraient pas ou peu de frais de voyage.

D'autre part, les statuts ne donnent aux sections que 0 fr. 25 par cotisation pour pourvoir à leurs frais de délégation dans les Congrès, de propagande, de correspondance, d'achat de papier et fournitures diverses et quelquefois pour accorder un secours à un camarade dans la nécessité ; de plus, les sections sont obligées de payer les frais de salle pour leurs réunions, ou d'adhérer à leur Bourse du Travail, et pour ce payer une cotisation, minime il est vrai. mais qui, pour Dijon. par exemple, se chiffre à 0 fr. 05 par cotisation payée.

C'est pour ces raisons que la proposition ci-dessus est présentée.

* *

ART. 12 (adjonction). — Les sections ayant un conseil judiciaire conservent 0 fr. 75 par cotisation et n'enverront que 0 fr. 25 au siège.

Art. 12 (adjonction). — Toutes les sections doivent verser régulièrement au siège social la part qui lui revient sur les cotisations encaissées, dans le courant du premier mois qui suit le trimestre, c'est-à-dire en avril, juillet, octobre et janvier.

Celles qui ne se conformeraient pas à cette règle seraient considérées comme ne faisant plus partie de l'Association.

***

Art. 14. — Le conseil d'administration fixe les appointements du secrétaire général ainsi que ses heures de présence au siège du Syndicat. En aucun cas, ses appointements ne pourront dépasser le chiffre fixé par le 4ᵉ Congrès national.

Actuellement l'article 14 est ainsi conçu : « Le conseil d'administration nomme le secrétaire général, lequel sera en permanence à la Bourse du Travail ; son traitement est fixé à 6,000 francs par an ; il peut être suspendu de ses fonctions par le conseil et remplacé provisoirement par le secrétaire adjoint, les sections consultées. »

La proposition de modification qui est faite a pour but de ne pas être obligé de choisir comme secrétaire général quelqu'un dont le seul mérite sera d'être sans emploi, puisque actuellement les statuts l'obligent à être en permanence au siège.

Aujourd'hui un administrateur en service, ayant toutes les aptitudes nécessaires pour la fonction de secrétaire général, ne pourrait être choisi, malgré ses capacités, puisqu'il lui faudrait abandonner son emploi à la Compagnie.

Il n'est pas indispensable que le secrétaire général soit en permanence au bureau du Syndicat, ce qu'il y faut, c'est un chef de bureau responsable du travail accompli par les employés et, par conséquent, apte à diriger ce travail.

Mais il ne faut pas que nous restions liés par un règlement qui nous obligerait peut-être à prendre pour secrétaire général le plus incapable des membres du conseil et attribuer 6,000 francs d'appointements à un citoyen qui, malgré toute sa bonne volonté, ne pourrait rendre aucun service appréciable à la Chambre syndicale.

Telles sont les considérations qui nous ont amenés à proposer la modification ci-dessus à l'article 14 du règlement général intérieur.

***

Art. 16. — S'il y a suspension de travail, le comité d'études de la section fixe lui-même le chiffre des secours à accorder aux **camarades** ayant suspendu le travail.

Voici l'article 16 actuel : « S'il y a suspension de travail, le comité de section fixe lui-même la *quotité journalière* des sommes à accorder aux *syndiqués* ayant suspendu le travail.

***

Art. 17. — Sont considérés comme démissionnaires :
1ᵉ Les sociétaires qui donnent leur démission par écrit en y joignant leur carte.
Maintenir le reste de l'article.

***

Art. 19. — Les sections tiendront à la disposition de la commission de contrôle tous les renseignements, pièces, relatifs aux finances, qu'elle leur demandera. Une circulaire, etc.

***

Art. 20. — Supprimer les mots : « trésorier de chaque »

8° QUESTIONS D'ORDRE INTÉRIEUR DU SYNDICAT

Carnet à souche pour la perception des cotisations. — La proposition ci-après, soumise à l'approbation du Congrès, a déjà été présentée sous une autre forme au dernier Congrès et, faute d'étude préalable sans doute, n'a pas été prise en considération.

Cette proposition a pour but de pouvoir exercer un contrôle immédiat et sérieux sur tous les receveurs, ce qui facilitera la tâche des contrôleurs de sections et du siège central, tout en supprimant la fiche de contrôle actuelle, peu efficace pour notre Association. Ce système serait peu coûteux, moins coûteux même que les fiches de contrôle, et n'occasionnerait aucune perte de temps dans la perception.

Toutes les sections comprendront l'importance et l'utilité de cette proposition et voudront l'étudier sérieusement, afin de signaler les améliorations qu'elle pourrait comporter.

Dans le cas où cette proposition serait adoptée, elle pourrait être mise en vigueur pour le 1er juillet 1894 :

Il sera remis à tous les receveurs, concurremment avec le poinçon actuel, un carnet à souche contenant un certain nombre de reçus portant un numéro d'ordre semblable à la souche ; chaque reçu représentera la valeur d'une cotisation.

En faisant un versement, chaque syndiqué devra exiger que le receveur détache un reçu de son carnet à souche et le lui remette tout en lui poinçonnant son livret comme par le passé ; le règlement général intérieur mentionnera ce nouveau mode de perception et recommandera aux syndiqués d'exiger des receveurs le talon du carnet à souche.

Toutes les fois que le receveur fera un versement au trésorier, il lui présentera son carnet à souche ; le trésorier l'arrêtera au dernier reçu détaché.

MODÈLE PROPOSÉ

No 1 CHAMBRE SYNDICALE DES **OUVRIERS & EMPLOYÉS** DES Chemins de fer français — *Reçu la somme d'un franc le .... 189* LE TRÉSORIER,	No 1 CHAMBRE SYNDICALE DES **OUVRIERS & EMPLOYÉS** DES Chemins de fer français — *Reçu la somme d'un franc pour cotisation.* LE RECEVEUR,
No 2 (Même texte que ci-dessus)	No 2 (Même texte que ci-dessus)
No 3 (Même texte que ci-dessus)	No 3 (Même texte que ci-dessus)

Le carnet à souche sera établi de la grandeur du modèle ci-dessus, de manière qu'il puisse tenir dans les livrets des receveurs.

Carnet à souche pour abonnements. — La proposition suivante est faite pour que les abonnés au journal soient nantis d'une pièce en cas de réclamations, et en même temps pour servir de contrôle :

Il sera remis à tous les receveurs un carnet à souche, spécial pour les abonnements, contenant un certain nombre de feuillets.

Le receveur détachera de ce carnet un reçu pour remettre à l'abonné, puis un bulletin à envoyer au siège, constatant l'abonnement et le prix de cet abonnement. Il restera une souche adhérant au carnet pour renseignements, si besoin est.

MODÈLE A ÉTUDIER

Le Réveil des Travailleurs
DE LA VOIE FERRÉE
9, cité Riverin, Paris

N°

Nom

demeurant à

départ^t

Abonnement d'un an

à partir du

189

Versé au receveur

le

LE RECEVEUR,

Le Réveil des Travailleurs
DE LA VOIE FERRÉE
9, cité Riverin, Paris

N°

Nom

demeurant à

département

a versé la somme de trois francs

au receveur

pour un **abonnement d'un an,**

à partir du

A   le   189

LE RECEVEUR,

Coupon à envoyer au siège social.)

Le Réveil des Travailleurs
DE LA VOIE FERRÉE
9, cité Riverin, Paris

N°

Reçu de M.

la somme de trois francs pour

un **abonnement d'un an,** à

partir du   189

A   le   189

LE RECEVEUR,

(Coupon à remettre à l'abonné.)

****

Déplacements du secrétaire général. — Le secrétaire général ne sera plus déplacé aussi fréquemment pour faire des tournées de propagande. Il ne sera envoyé dans les sections pour y faire des réunions que lorsqu'il y aura pour cela un motif urgent; son absence ne devra pas se répéter plus d'une fois par mois et [ne pourra excéder trois jours chaque fois.

Formalités en cas d'accidents. — Les comités de sections recevront par les soins du siège des questionnaires prévoyant tous les cas qui peuvent se produire, de manière à éviter des pertes de temps dans la transmission des renseignements nécessaires à l'instruction de chaque affaire.

**

Radiations. — Un certain nombre de sociétaires ayant abandonné le Syndicat à la suite de la grève de 1891, ou pour toute autre cause, il est utile que nous connaissions nos forces par le nombre des véritables syndiqués payants ; c'est pour ces raisons qu'est faite la proposition ci-après :

A la date du 31 mars 1894 inclus, tous les sociétaires, qui, après avoir été appelés à bénéficier de l'amnistie pour le versement de leurs cotisations des trimestres antérieurs à 1893, n'ont plus rien versé, seront radiés définitivement du Syndicat.

A cet effet, toutes les sections seront invitées, par le siège, à fournir la liste de leurs radiés de ce fait.

Toutefois les membres ainsi radiés pourront, tôt ou tard, revenir à nous par une nouvelle adhésion.

Une proposition connexe à la précédente a été présentée. En voici les termes :

Tout sociétaire qui, le 31 mars 1894, ne sera pas à jour de ses cotisations de l'année 1893, ne pourra être l'objet d'une mesure d'amnistie l'exonérant du payement de ses cotisations.

**

Comptes rendus financiers des séances du conseil et de la commission de contrôle, des affaires judiciaires, etc. -- Plusieurs sections ont présenté des propositions tendant à publier des comptes rendus qui seront portés à la connaissance des syndiqués par le journal ou par un bulletin spécial, nous donnons ci-après les différentes propositions faites et, plus loin, nous les résumons sous forme de questionnaire, pour la facilité de la discussion.

PROPOSITIONS

1° Le siège fera paraître mensuellement un bulletin des séances et des délibérations du conseil, deux exemplaires au moins de ce bulletin seront envoyés à toutes les sections ;

2° Chaque trimestre, le siège de la Chambre syndicale adressera aux sections une liste contenant les noms et adresses de tous les secrétaires de sections, pour permettre à ceux-ci de correspondre entre eux ;

3° Il sera établi mensuellement, ou tout au moins trimestriellement, une situation financière et numérique des syndiqués, qui paraîtra au journal de la Chambre syndicale. Dans le cas où la publicité de ces documents présenterait un inconvénient quelconque, cette situation, au lieu d'être insérée au journal, prendrait la forme d'un bulletin mensuel ou trimestriel envoyé aux sections, et qui serait lu par elles en assemblée générale ;

4° Envoi tous les six mois, à chaque syndiqué, d'un compte rendu financier et de la situation numérique ;

5° Dans le courant du mois de janvier de chaque année, tous les syndiqués recevront mensuellement un compte rendu succinct : 1° de la situation du Syndicat ; 2° des affaires judiciaires plaidées ou terminées à l'amiable pendant la dernière année écoulée ;

6° Tous les trimestres, un compte rendu de tous les actes accomplis pendant le trimestre : décisions judiciaires, indemnités obtenues, recettes et dépenses, en un mot, tout ce qui intéresse les syndiqués sera envoyé aux secrétaires de chaque section pour être distribué par les soins des receveurs à chaque sociétaire.

RÉSUMÉ DES PROPOSITIONS

Êtes-vous d'avis de publier dans le journal :

1° La situation financière et numérique du Syndicat ?

2° Un rapport sur les affaires plaidées ou suivies à l'amiable ?

Si vous n'êtes pas partisan de ce moyen de publicité, ou concurremment avec ce moyen, êtes-vous partisan de la publication d'**un bulletin** contenant la situation financière et numérique, ainsi que le résumé des affaires judiciares ?

Si un bulletin est adopté, comment en sera-t-il donné connaissance aux syndiqués :
1° Par une lecture en assemblée de section ?
2° Par l'envoi à chaque syndiqué personnellement ?
3° Par la distribution aux syndiqués par les soins des sections ?

Quand sera publié ce bulletin :
1° Mensuellement ?
2° Trimestriellement ?
3° Semestriellement ?
4° Annuellement ?

Si chaque syndiqué doit recevoir annuellement un exemplaire du bulletin, n'est-il pas préférable de le remplacer par le rapport du conseil d'administration qui contient tous les renseignements désirés et comporte des développements que ne pourrait pas avoir un bulletin ?

Y a-t-il lieu de publier le procès-verbal des séances :
1° Du conseil ?
2° De la commission de contrôle ?

Par quel moyen :

1° Le journal ?
2° Ou un bulletin **mensuel** envoyé à raison de deux exemplaires par section.

Y a-t-il lieu d'envoyer **tous les trimestres** aux sections une liste des noms et adresses de tous les secrétaires de sections ?

***

Prélèvement sur les cotisations pour les receveurs. — Cette proposition a pour but d'encourager les receveurs, de les indemniser en cas de perte et de faciliter leur recrutement :

Les receveurs sont autorisés à prélever, pour eux, 5 centimes sur chaque cotisation trimestrielle qu'ils perçoivent. La perte provenant de cette disposition est supportée moitié par le siège et moitié par la section.

***

Insignes. — Il sera adopté un modèle d'insigne uniforme pour tous les syndiqués. Cet insigne serait porté dans les réunions, cérémonies, fêtes, etc.

9° NOMINATION D'ADMINISTRATEURS ET DE CONTROLEURS

Aux Congrès précédents, la nomination des administrateurs et des contrôleurs se faisait hâtivement, à la fin du Congrès. Nous avons pensé que ce vote rapide, sans examen suffisant, ne pouvait donner aux camarades syndiqués une confiance entière et qu'elle privait en outre les élus de l'autorité que leur donnerait devant les Compagnies et les pouvoirs publics une élection mûrement réfléchie.

C'est pour donner aux uns cette confiance, aux autres cette autorité, que nous avons placé, au milieu de l'ordre du jour de ce Congrès, la nomination des membres du conseil et de la commission de contrôle.

10° CRÉATION D'UNE CAISSE DE PRÉVOYANCE

Plusieurs propositions tendant à la création d'une caisse de secours ont été faites par plusieurs sections : les unes proposent que cette caisse subvienne, dans la mesure du possible, aux besoins de nos camarades ou de leur veuve pendant le temps que durerait un procès intenté à une Compagnie à la suite d'un accident ayant entraîné une incapacité de travail ou la mort.

D'autres désirent que la caisse de secours vienne en aide aux syndiqués en cas de maladie, ou à leur veuve en cas de décès occasionné par la maladie ou la vieillesse.

D'autres, enfin, demandent qu'une indemnité soit donnée en cas de révocation arbitraire.

Comme l'a fort bien dit la section de Terrenoire, dans un exposé d'une triste réalité, le camarade blessé, ou la veuve privée de son mari, se trouve subitement sans ressources; avec une solde insuffisante, on n'a pu faire d'économies; c'est la misère qui, brusquement, s'abat sur ces infortunés.

Si la Compagnie a fait une faute qui engage sa responsabilité dans l'accident, la Chambre syndicale peut faire les avances des frais d'un procès, c'est fort bien. Mais c'est insuffisant, si, à côté de l'appui donné en cette circonstance, on ne peut pas, en même temps, venir en aide aux malheureux privés de solde et souvent de tout crédit pendant le temps que dure le procès.

Des affaires durent six mois au minimum; quelquefois elles sont en instance pendant deux années. Pendant ce temps, les victimes ont épuisé tout crédit; elles sont exténuées par les privations et ne peuvent plus lutter contre la misère qui les étreint. Les collectes faites entre camarades produisent peu; puis, d'autres infortunes ont encore mis leur solidarité à l'épreuve et leur bourse à contribution; vient le moment où, sans mobilier, sans hardes, les malheureux vont être jetés à la rue; c'est ce moment que la Compagnie choisit pour offrir une transaction déloyale; on étale un peu d'or devant ces affamés qui acceptent — poussés par la nécessité — une transaction dérisoire; ils signent un désistement, et la Compagnie une fois de plus a commis une lâcheté.

Il est vrai que la Chambre syndicale, lorsqu'une détresse semblable lui est signalée, n'hésite jamais à envoyer un secours; elle a ainsi avancé, exceptionnellement et à titre de prêt remboursable si le procès est gagné, 50, 100, 200 et même 250 francs, à des familles qui se trouvaient dans des conditions particulièrement intéressantes; mais les ressources du Syndicat sont faibles, puisque les cotisations sont modiques et, d'ailleurs, quand bien même nous pourrions avancer 250 francs à chaque veuve en instance de procès, qu'est-ce que cette misère pour soulager une famille pendant une année?

Ce sont ces considérations qui ont amené plusieurs sections à proposer une caisse de secours ayant pour but déterminé de venir en aide aux victimes en instance de procès.

D'autres sections se sont attachées à exercer leur solidarité dans les autres circonstances pénibles auxquelles est exposé un employé de chemin de fer.

L'employé malade, par exemple, ne doit-il pas, lui aussi, attirer notre pitié? Une indisposition passagère peut, faute de soins suffisants, se transformer en une maladie grave; l'employé ne peut compter sur le service médical de la Compagnie pour le guérir; chacun sait à quoi s'en tenir à ce sujet. Aussi, faute de moyens pour prendre un médecin à ses frais et payer des médicaments coûteux, la maladie s'aggrave et se prolonge; la Compagnie paye quelquefois, pas toujours, demi-solde pendant quelque temps, puis elle se lasse et congédie celui qui a eu le tort de ne pouvoir payer un médecin.

Qu'un secours quelconque soit donné à ce camarade, il peut se soigner et reprendre très vite son service; aussi, la section de Gisors a-t-elle pensé qu'une caisse de secours, dans cette circonstance, aurait son utilité incontestable.

Les sections de la Roche-sur-Yon, de Nice et de Fougères, elles aussi, ont pensé à exercer notre solidarité en faveur des familles qu'un deuil plonge dans la misère; car, chacun sait dans quelle détresse se trouve une famille, après une longue maladie qui a épuisé ses économies, si elle en avait, ou qui lui a fait refuser tout crédit.

Enfin, la section de Langeac propose qu'une indemnité de 6,000 francs, au maximum, soit versée à tout syndiqué révoqué pour service rendu à la Chambre syndicale.

Avant de donner le texte des différents projets exposés ci-dessus, le conseil d'administration croit devoir donner son opinion sur l'institution d'une caisse de prévoyance, quel qu'en soit le but.

Certes, nos camarades, en proposant cette institution, n'ont pas un seul instant, nous en sommes convaincus, songé à détourner le Syndicat, même provisoirement, du but qu'il poursuit, ni prétendre qu'en attendant la réalisation de nos espérances, il devait, par la mutualité, trouver des ressources pour parer aux souffrances de nos camarades.

Ils ont songé que beaucoup d'entre nous, dans un sentiment de prévoyance très respectable, faisaient à plusieurs sociétés des versements destinés à parer aux malheurs qui peuvent fondre sur eux, et que, si on réunissait dans une seule organisation tous ces versements faits à diverses sociétés, il serait possible, croient-ils, de faire mieux qu'elles, puisque, par cette centralisation, on diminuerait les frais généraux d'administration.

Cette dernière considération n'est peut-être pas tout à fait exacte; dans les petites sociétés, les frais généraux sont faibles et souvent nuls; mais, d'un autre côté, n'ayant qu'un petit nombre de membres, les unes peuvent péricliter et d'autres augmenter sans profit leurs réserves, suivant qu'elles auront été plus ou moins atteintes par les décès, les maladies, etc.

Dans une société importante, au contraire, on peut baser les secours à donner sur les statistiques, les tables de mortalité, etc., qui ne sont régulières que si elles sont appliquées à une grande collectivité.

Mais, avant d'examiner les conditions de vitalité et les avantages financiers d'une grande société de secours mutuels, envisageons la question de principe et voyons si notre Chambre syndicale a intérêt à créer une caisse de prévoyance.

Il est de toute évidence que cette caisse ne peut être créée qu'à la condition expresse d'augmenter les cotisations.

Déjà, en 1891, le 2ᵉ Congrès décida de porter à 1 franc par trimestre la cotisation qui n'était que de 75 centimes ; cette décision ne fut pas accueillie partout avec satisfaction et nous eûmes quelque peine à la faire admettre ; nous devons dire qu'il y eut à ce moment quelques défections.

C'est qu'en effet, il est bien difficile de demander à la grande majorité de nos camarades des cotisations élevées ; la modicité de leurs salaires, qui les oblige à se priver pour vivre, ne leur permet pas d'être *prévoyants* et de mettre de côté, si peu que ce soit, pour se garantir des risques de la vie.

Or, augmenter les cotisations, c'est assurément repousser beaucoup de nos camarades, non encore syndiqués, qui voudraient venir à nous, empêchés qu'ils le seraient par l'importance de la cotisation. C'est peut-être également amener des démissions ou rendre très difficile la perception des cotisations qui déjà, à l'heure actuelle, sont versées souvent avec des retards.

Quelle sera donc la première règle de la caisse de prévoyance ? Être à jour de ses cotisations, n'est-ce pas ?

Mais ne voyons-nous pas immédiatement combien cette nécessité même, vient à l'encontre du but philanthropique que l'on veut poursuivre.

Si un camarade, assez malheureux pour ne pas pouvoir payer sa cotisation, vient à subir une infortune, la caisse de prévoyance sera obligée de l'abandonner, alors qu'elle viendrait en aide à celui plus fortuné qui aurait pu payer très régulièrement.

Ce n'est donc pas de la philanthropie, **de la solidarité** que nous ferions ; nous tomberions dans l'égoïsme : la mutualité n'admet pas le sentimentalisme.

Ceci ne démontre-t-il pas que nous devons envisager **surtout** le moyen d'améliorer le salaire, puisque celui que nous possédons ne nous permet pas, par l'abandon d'une cotisation, modique en somme, de profiter des avantages réels que présente la mutualité, en répartissant entre tous, les charges et les conséquences des malheurs qui, au hasard, accablent les uns et épargnent les autres.

Ceci ne prouve-t-il pas que l'objectif qui doit attirer nos regards, le but, la raison d'être du Syndicat, c'est une lutte d'intérêts à soutenir contre ceux qui jusqu'ici ont pu ne rien abandonner de leurs privilèges, de leur supériorité apparente sur les travailleurs qui n'ont pas su exiger leur part équitable du produit de leur travail.

Ne serait-ce pas aider ceux-là mêmes qui nous exploitent que de les dégager d'une partie de leurs obligations à notre égard, en allégeant — oh ! bien imparfaitement — notre misère commune ? Ne craint-on pas, si on se lançait sur cette voie imprudente, grosse d'imprévus, de difficultés peut-être insurmontables, qu'on arrive peu à peu à s'entêter à surmonter ces difficultés, et négliger par cela même le Syndicat, sa cause, ses effets.

Qu'on ne vienne pas dire que cela est impossible ; que chaque syndiqué gardera au cœur ses convictions, sa foi inébranlable dans la justesse de notre droit. Le passé nous est un enseignement !

En effet, dans notre Syndicat, il était question, au début, de poursuivre jusqu'au bout une affaire judiciaire pour chaque nature d'abus, *mais pour un cas seulement*, quand il se présenterait dans des circonstances avantageuses, de manière à supprimer ces abus en établissant une juridiction dont tous nos camarades bénéficieraient.

Qu'est-il arrivé ? Ayant commencé un procès pour un camarade blessé, par exemple, il a paru naturel, juste, équitable, de prendre en main la cause d'un autre camarade blessé dans des circonstances analogues, avant même de connaître l'issue du premier procès engagé ; de sorte que, peu à peu, on en est arrivé à suivre tous les procès. Nous avons été amenés à constituer un conseil judiciaire, à créer un service de contentieux, pour examiner les nombreux dossiers qui nous parviennent tous les jours et intenter des actions contre les Compagnies si les circonstances le permettent.

A-t-on eu tort ? Evidemment non, puisque les ressources du Syndicat le permettent ; mais il faut bien le constater, beaucoup en sont arrivés à ne plus considérer dans le Syndicat qu'une sorte de garantie contre les risques professionnels, contre les révocations injustifiées, etc. ; mais l'œuvre d'émancipation entreprise par le Syndicat paraît, pour ceux là, n'être que secondaire.

C'est là une constatation qu'il est nécessaire de faire, pour réagir contre ce sentiment d'égoïsme qui fait envisager l'avantage personnel, immédiat, que l'on peut retirer du groupement, au lieu de poursuivre sans relâche la tâche si grande, si noble, mais dont la réalisation est peut-être encore éloignée, de notre émancipation intégrale, que poursuit le Syndicat pour notre avenir, celui de nos enfants, celui de l'humanité.

Qu'on y prenne garde ; on se promettra bien, au début, de ne pas négliger le Syndicat, mais insensiblement, par ce sentiment d'égoïsme naturel chez l'homme, dans la société actuelle qui le prive de son nécessaire, nous verrions nos syndiqués s'attacher tout spécialement à l'entreprise nouvelle et abandonner peu à peu la lutte que le Syndicat a entreprise.

Les employés de chemins de fer auraient personnellement consenti à faire des sacrifices auxquels nos Compagnies ne répondraient pas, on s'en doute bien, par un sacrifice correspondant. Seules, elles en retireraient tout bénéfice ; le Syndicat, détourné de son but, aurait vécu et ne serait plus qu'un instrument sans force et sans efficacité.

C'est là l'histoire navrante de « la Fraternelle ». Sachons nous en souvenir !

Pourquoi ne pas conserver le *statu quo* ? Notre Syndicat n'est pas bien riche, il reçoit des cotisations très faibles ; elles lui suffisent pour faire une propagande incessante et amener à nous tous nos camarades décidés à ne plus se laisser exploiter. C'est là le seul but à poursuivre et pas un autre.

Nous pouvons, par surcroît, mais en second lieu, défendre nos camarades devant les tribunaux ; c'est bien ! Nous leur donnons parfois un petit secours, une petite avance ; c'est mieux encore. Mais qu'on ne demande pas davantage au Syndicat, ce n'est pas son rôle.

Les camarades, auxquels leur situation, leurs charges de famille, permettent de distraire une petite somme de leur salaire, peuvent — en attendant la victoire du Syndicat — s'adresser à « la Fraternelle » pour augmenter leur retraite, à l'Orphelinat des chemins de fer (l'honnête, celui de la rue du Temple, 147) pour protéger leurs enfants, aux sociétés de secours mutuels de leur ville ou à celles organisées par leur section syndicale pour leur famille en cas de maladie, leur veuve en cas de décès.

Ces sociétés, facultatives, aideront ceux de nos camarades qu'une prospérité relative favorise déjà ; tant mieux, nous sommes heureux de leur bonheur. Quant à ceux, nombreux, la grande majorité, qui, n'ayant pas le nécessaire, ont encore moins le superflu, n'auront pas accès dans ces sociétés « philanthropiques », ils comprendront que le seul moyen de faire cesser leur situation de misérables salariés, c'est de lutter, lutter encore, lutter toujours, jusqu'à l'avènement d'une société débarrassée des parasites qui leur volent leur salaire et qui insultent à leur misère en ne daignant pas les secourir.

Camarades, nous vous avons fait voir le danger que beaucoup d'entre vous déjà ont pressenti. Réfléchissez avec calme, voyez où est votre intérêt. La question est grave : il importe qu'elle soit examinée avec recueillement.

Voici maintenant les différents projets présentés. Nous les annoterons pour en faire ressortir les conséquences financières ; alors, connaissant déjà les considérations pour et contre la création d'une caisse de prévoyance, chacun pourra apprécier la question en toute connaissance de cause ; puis, après cela, nous résumerons tous les projets sous forme de questionnaire, pour la facilité de la discussion.

1° Caisse pour secours en cas de procès.

ARTICLE PREMIER. — *A partir du 1ᵉʳ juillet 1894, il est créé une caisse de secours destinée à venir en aide à tous les syndiqués ou leurs ayants droit, à jour de leurs cotisations et ne possédant aucune ressource, qui, par suite d'accidents ou autres, seraient autorisés par le conseil d'administration à intenter une instance judiciaire contre la Compagnie à laquelle ils appartiennent.*

ART. 2. — *Cette caisse sera alimentée par un versement supplémentaire de 25 centimes par trimestre et par syndiqué.*

Les sections ne prélèveront aucune retenue sur cette somme, qui devra être envoyée intégralement au siège social.

ART. 3. — *Cette caisse sera gérée par le conseil d'administration, sous la surveillance de la commission de contrôle.*

ART. 4. — *Pour être admis à participer aux avantages de cette caisse, il faut remplir les conditions édictées à l'article 1ᵉʳ et y être autorisé par les sociétaires de la section réunis, à cet effet, en assemblée générale.*

ART. 5. — *Tout sociétaire, qui, conformément à l'article précédent, aura été autorisé à toucher un ou plusieurs secours, devra, au moment de toucher le premier, prendre l'engagement, par écrit, de rembourser, en cas de réussite de son procès et si toutefois une indemnité lui a été allouée par le tribunal, tout ou partie de la somme qui lui aura été avancée.*

ART. 6. — *Les membres du conseil d'administration et de la commission de contrôle du siège social, les comités des section et les commissions de contrôle sont chargés de l'exécution de ces dispositions.*

OBSERVATIONS. — L'augmentation de la cotisation, prévue par le projet ci-dessus, serait de 1 franc par an.

Etant donné que le chiffre des sommes à avancer n'est pas fixé — et cela est prudent — cette augmentation pourrait être suffisante ; on baserait les dépenses sur les recettes.

La caisse de secours peut escompter une recette de 50,000 francs par an. Le nombre des procès engagés est actuellement de plus de cent ; ils peuvent durer, en moyenne, douze mois ; la caisse de secours pourrait donc donner une somme de 40 francs par mois environ à chaque famille. Cette somme serait dépassée si les recettes sont plus élevées ; par contre, elle serait plus faible si les encaissements n'atteignent pas le chiffre prévu, ou encore si, ce qui est probable, le nombre de procès augmente.

Cependant, les sommes avancées devant être remboursées en cas de gain du procès, il en résulterait qu'après plusieurs années la caisse n'aurait plus besoin d'être alimentée, la somme recueillie étant largement suffisante pour constituer un fonds de caisse qui se renouvellera constamment.

Quant aux avances qu'elle devrait abandonner à chaque procès perdu, elles seraient sans doute compensées par les intérêts du capital de cette caisse.

Nous envisageons donc cette conséquence que, pendant quelques années, tous les sociétaires auront versé *obligatoirement* 1 franc par an pour constituer une caisse, qui servira plus tard aux nouveaux adhérents.

Ne serait-il pas préférable de constituer un fonds de réserve spécial, pour la même destination, au moyen d'une souscription permanente et nécessairement *facultative* jusqu'à ce que le capital désirable soit atteint ?

Nous éviterions ainsi les froissements qui pourraient se produire, nous aurions fait réellement œuvre de solidarité, et ceux qui le pourraient, verseraient pour ceux qui ne le peuvent pas.

On ne se servirait de la caisse que lorsqu'elle aurait atteint un chiffre satisfaisant ; jusque-là, on procéderait comme on a fait jusqu'à ce jour.

2° Caisse pour secours en cas de maladie.

Augmenter la cotisation trimestrielle de 25 ou 50 centimes, pour venir en aide aux syndiqués qui seraient malades.

Le secours serait de 50 centimes par jour, et ne serait donné qu'après six ou huit jours de maladie.

Les cotisations du 3° trimestre 1894 seraient consacrées à la formation de ce fonds de secours.

La gestion de ce fonds de secours serait confiée soit au conseil d'administration, soit, et de préférence, aux sections.

Observations. — Il est difficile d'établir la dépense probable de ce fonds de secours.

Nous ne pouvons que nous en rapporter à une institution analogue créée par « la Fraternelle ».

Cette association donne, pour un versement de 10 centimes par mois, un secours de 50 centimes par jour, en cas de maladie, mais seulement à partir du vingt-et-unième jour.

Il en résulte donc que les secours ne sont donnés qu'en cas de maladie sérieuse.

Mais, combien sont nombreuses les indispositions, les maladies bénignes, qui durent moins de vingt jours et plus de six ou huit ?

Or, un versement de 50 centimes par trimestre, ou 2 francs par an, suffirait-il pour donner un secours de 50 centimes par jour, après six ou huit jours de maladie, puisque « la Fraternelle », avec 1 fr. 20 par an, ne peut donner ce même secours qu'après vingt jours de maladie ?

Nous ne pouvons nous baser que sur des hypothèses.

D'autre part, est-il bien utile d'obliger, contre leur gré peut-être, les syndiqués commissionnés, qui sont payés en cas de courte maladie, à verser une somme pour une destination dont ils ne reconnaissent pas, pour eux, l'urgente nécessité.

Et puis, à quoi bon créer cette caisse, qui viendrait faire concurrence, en l'améliorant il est vrai, à celle instituée par « la Fraternelle », qu'il ne peut pas entrer dans notre esprit de combattre.

On objectera que, pour faire partie de la caisse de secours de « la Fraternelle », il faut en même temps verser au moins 1 franc par mois pour se constituer une retraite.

Soit, mais comme on propose plus haut de laisser aux sections la gestion du fonds de secours, pourquoi toutes les sections qui en reconnaîtraient l'utilité n'organiseraient-elles pas elles-mêmes des caisses de secours *facultatives* dans les conditions qui leur conviendraient.

Déjà plusieurs sections en ont créé ; elles n'ont pas eu pour cela besoin de l'autorisation du Congrès. Ce serait, à notre point de vue, le seul moyen pratique de résoudre cette question.

Si, au contraire, le siège en était chargé, il faut songer à la correspondance énorme que cela entraînerait. Tous les jours, dans presque toutes les sections, du moins dans celles importantes, il y aurait des enquêtes à faire et à nous communiquer, ainsi que des frais de poste, d'envois de fonds, que l'on éviterait, en même temps que l'on apporterait une accélération dans les distributions des secours.

3° Caisse pour secours en cas de décès.

PREMIER PROJET

Article premier. — *A dater du 1er juillet 1894, sur les 3 francs versés au siège par an et par syndiqué, 1 franc par an et par syndiqué sera placé à la Société générale pour fournir la caisse de secours.*

Art. 2. — *En cas de décès d'un sociétaire, **à jour de ses cotisations**, la veuve ou les orphelins ou les vieux parents à la charge du décédé ont droit à une somme de 100 francs, à titre de secours **immédiat**.*

Art. 3. — *Le jour même du décès, si cela est possible, le trésorier de chaque section fait parvenir ces 100 francs à qui de droit ; il envoie ensuite au siège un extrait de l'acte de décès, à titre de justification des dépenses.*

DEUXIÈME PROJET

Article premier. — *A chaque décès d'un membre de la Chambre syndicale, il sera versé à sa veuve une somme de 500 francs.*

Art. 2. — *Si le défunt est célibataire, cette même somme de 500 francs sera allouée à sa famille, s'il habite avec elle, et s'il est reconnu que celle-ci est nécessiteuse.*

Art. 3. — *Si le défunt est veuf et s'il laisse des enfants, cette somme leur sera remise ou entre les mains des tuteurs.*

Art. 4. — *Cette caisse sera alimentée par un versement de 25 centimes par trimestre, soit 1 franc par an et par adhérent.*

Art. 5. — *Les sections ne prélèveront aucune retenue sur cette somme qui sera envoyée au siège social.*

Art. 6. — *Cette caisse sera gérée par le conseil d'administration sous la surveillance de la commission de contrôle.*

Art. 7. — *N'auront droit au secours de 500 francs que les membres à jour de leurs cotisations.*

TROISIÈME PROJET

A chaque décès d'un syndiqué, chaque syndiqué versera 5 centimes pour sa veuve et les enfants.

OBSERVATIONS. — Pour déduire les conséquences financières de ces trois projets, il faut d'abord considérer que la moyenne de la mortalité est de 18 par 1,000 (moyenne établie à l'aide des tables de mortalité de Deparcieux, de Duvillard, de la Caisse nationale des retraites et de celle des Chemins de fer, en prenant l'âge moyen de quarante ans).

Ceci dit, examinons successivement les trois projets.

Le premier demande qu'à chaque décès une somme de 100 francs soit versée à la famille. Sur 50,000 syndiqués, le chiffre des décès sera donc de 900 par an environ (à raison de 18 par 1,000), ce qui fera une somme de 90,000 francs à verser par an aux familles des décédés. La section, qui ne s'est assurément pas rendu compte des dépenses de propagande, judiciaires et autres qui incombent au siège, demande que celui-ci prélève cette somme sur ses encaissements, sans augmentation de la cotisation.

Nous devons déclarer que cela est absolument impossible, même si les cotisations rentraient régulièrement, car dans ce cas les dépenses augmenteraient dans une proportion presque aussi grande.

Le deuxième projet alloue 500 francs à chaque décès, ce qui ferait pour 900 décès par an, la somme de 450,000 francs. Il est proposé, pour balancer cette dépense, un supplément de cotisation de 1 franc par an, ce qui, pour 50,000 syndiqués (c'est ce chiffre que nous avons pris pour base), ferait 50,000 francs de recette, somme bien au-dessous de la dépense.

D'ailleurs, ne suffit-il pas de se tenir ce raisonnement : Tous les sociétaires mourront, tous devront toucher 500 francs et aucun ne les aura versés.

Enfin au moyen du troisième projet, la somme allouée à chaque décès serait relativement élevée. Une souscription obligatoire de 5 centimes par syndiqué serait faite à chaque décès, et produirait, à raison de 50,000 membres, la somme de 2,500 francs.

Il est vrai que les sommes versées pour cela par chaque syndiqué s'élèveraient, pour 900 décès, à 45 francs par an.

Il suffit d'énoncer ce chiffre pour constater que ce projet n'est pas pratique, puisqu'il faudrait trois fois par jour environ faire appel à la souscription de 5 centimes par membre.

Voilà quels sont les trois projets. Aux camarades d'apprécier et de voir si l'un ou l'autre peut être adopté.

4° Caisse de secours en cas de révocation pour cause syndicale.

Il reste enfin un dernier projet relativement à l'institution d'une caisse de prévoyance. Le voici :

Tout syndiqué révoqué pour services rendus à la cause syndicale recevra une indemnité produite par le versement de 10 centimes par chaque syndiqué.

Cette indemnité ne devra pas dépasser la somme de 6,000 francs, à moins de services rendus exceptionnels; elle pourra être abaissée.

S'il reste un reliquat, il sera distribué aux syndiqués les plus nécessiteux qui seront signalés par les sections.

OBSERVATIONS. — La proposition ci-dessus est dangereuse, car il serait à craindre que l'appât d'une indemnité aussi raisonnable puisse tenter quelques camarades qui, mécontents de leur emploi, désireux de le quitter, ou sachant qu'ils peuvent trouver ailleurs son équivalent, pourraient faire ouvertement de la propagande syndicale, se compromettre même et finalement agir de manière à se faire révoquer.

Nous voulons bien croire que ceux qui agiraient ainsi seraient peu nombreux, mais cependant, nous ne pouvons pas favoriser les abus.

L'indemnité donnée à un militant révoqué pour la cause syndicale ne doit pas être une prime, mais une aide; les militants sincères ne recherchent pas un bénéfice personnel, et ce n'est pas la promesse d'une indemnité quelconque qui les fait agir. Ils se sacrifient héroïquement, sans arrière-pensée.

Or, aujourd'hui, les militants dévoués sont légion, et s'il fallait que les Compagnies les révoquent, elles auraient fort à faire.

Il y a là une crainte qui ne se réalise pas souvent, et il nous est avis que si cela se présente, le Syndicat doit donner au lutteur frappé une indemnité qui l'aide à vivre pendant une période déterminée.

Pour cela, point n'est besoin d'une caisse spéciale, il suffit de prévoir au budget une somme quelconque à allouer pour cet objet.

RÉSUMÉ DES PROJETS RELATIFS A LA CRÉATION D'UNE CAISSE DE PRÉVOYANCE

Question de principe. — Y a-t-il lieu de créer une caisse spéciale dite « caisse de prévoyance »?

But. — Devra-t-elle donner régulièrement des avances en cas de procès?

Ces avances seront-elles remboursables par l'intéressé en cas de gain du procès?

La caisse donnera-t-elle des secours en cas de maladie?

Combien par jour?

Après combien de jours de maladie?

La caisse donnera-t-elle un secours en cas de décès?

Combien à chaque décès?

La caisse donnera-t-elle également une indemnité en cas de révocation pour cause syndicale?

Combien au maximum?

Ressources. — La caisse sera-t-elle alimentée au moyen des ressources actuelles du Syndicat?

La caisse sera-t-elle alimentée au moyen d'une souscription facultative?

La caisse sera-t-elle alimentée au moyen d'imposition forcée d'un versement quelconque à chaque décès ou renvoi arbitraire?

Combien, à chaque appel, devra obligatoirement verser chaque syndiqué?

La caisse sera-t-elle alimentée par un versement trimestriel supplémentaire?

De combien par trimestre sera ce versement?

Ce versement trimestriel sera-t-il facultatif ou obligatoire, ou, en d'autres termes, les syndiqués seront-ils tenus de faire partie de cette caisse de prévoyance?

Clauses diverses. — A partir de quelle date fonctionnerait cette caisse?

En cessant d'être syndiqué, cesserait-on par cela même de faire partie de la caisse de prévoyance? (La loi du 18 mars 1884 donne le droit à tout syndiqué démissionnaire ou radié de continuer à faire partie des caisses de retraite, de secours, etc., instituées par leur syndicat.)

11° REVENDICATIONS

Nous avons classé en deux parties les propositions relatives aux revendications : 1° modifications au programme de 1893; 2° adjonctions.

Tout d'abord, une question préjudicielle se pose :

Le programme de 1893 doit-il être modifié?

Certes, des oublis ont pu être faits, et il peut y avoir nécessité d'ajouter ces omissions; mais, quant à modifier ce qui est fait, c'est autre chose.

Les nombreuses lettres que nous avons reçues à ce sujet, de tous côtés, s'accordent pour dire que le 4° Congrès, qui a établi un programme réfléchi, après de longues discussions, semblerait avoir agi avec une inconcevable légèreté, si le programme était modifié.

Pourquoi parler de concessions alors que les Compagnies ne nous en font pas? Pour quelles raisons abandonner nos prétentions légitimes?

Comme on le verra dans le rapport du conseil d'administration, les Compagnies n'ont fait d'offres ni sur un point, ni sur un autre; toutes se sont bornées à dire que, d'une manière générale, elles accompliraient chez elles les réformes susceptibles d'être apportées dans la situation du personnel. Quelques-unes ont bien dit qu'elles voyaient des exagérations sur certains points de notre programme; mais, comme elles n'ont ni précisé ni prouvé ces prétendues exagérations, nous n'avons pas à réduire nos demandes dans une proportion quelconque, car nous les croyons justes et équitables.

En conséquence, pour satisfaire au désir exprimé par plusieurs sections, nous demandons que le Congrès réponde à la question suivante :

Y A-T-IL LIEU DE MODIFIER LE PROGRAMME DE 1893 ?

Quand le Congrès aura répondu à cette question préjudicielle, on verra s'il y a lieu de passer à la discussion des propositions de modifications ci-après :

PREMIÈRE PARTIE

Modifications au programme de 1893

1° Modifications au règlement de retraite :

ARTICLE PREMIER. — *Remplacement du paragraphe :* « Seuls les agents majeurs, hommes ou femmes, seront commissionnés », *par un autre paragraphe ainsi conçu :* « Seuls les agents majeurs seront commissionnés après un an de stage, au maximum, sans cautionnement ».

ART. 2. — *Le supprimer,* attendu qu'il est compris, *en partie,* dans la modification présentée pour l'article 1er.

ART. 3. — *Suppression de la deuxième partie :* « auquel cas elle se conformera aux usages ».

ART. 4. — La retraite sera acquise après *vingt-cinq* ans de service *(au lieu de vingt).*

ART. 5. — *Son remplacement par :* Les agents ayant vingt-cinq ans de service seront mis à la retraite sans réforme préalable.

ART. 6. — *Son remplacement par :* La retraite acquise après vingt-cinq ans de service sera fixée à la moitié des appointements de l'année la plus élevée.

ART. 7. — *Le supprimer.*

ART. 8. — *Son remplacement par :* Retraite proportionnelle après vingt ans de service, calculée sur la moitié des appointements de l'année la plus élevée, moins 1/80 par année de service en moins.

ART. 9. — *Son remplacement par :* En cas d'incapacité de travail constatée, l'agent aura droit à la retraite proportionnelle comme s'il avait vingt ans de service, sans préjudice de l'indemnité qui pourra être due pour blessures ou infirmités contractées au service de la Compagnie.

ART. 10. — *Son remplacement par :* En cas de décès d'un agent en service, la retraite sera liquidée aux conditions de l'article 8 et les deux tiers servis à la veuve et, à son défaut ou si elle contracte un nouveau mariage, aux enfants mineurs ou infirmes ou aux ascendants.

ART. 11. — *Ajouter :* aux conditions de l'article précédent.

ART. 12. — *Ajouter :* qui seront réservés aux héritiers.

ART. 14. — *Son remplacement par :* Le contrat de louage *ne pourra être rompu que* pour les causes ci-après (le reste comme dans le règlement adopté).

ART. 15. — *Le supprimer.*

ART. 18. — *Le supprimer.*

NOTA. — Les articles 13, 16, 17 et 19 ne subiraient pas de modification.

*
* *

3° Salaire minimum pendant le stage :

1er ALINÉA. — 3 fr. 25 au minimum et sans distinction d'emploi, *au lieu de :* 5 francs.

2e ALINÉA. — La femme exclue de l'exploitation.

4e ALINÉA. — Les gardes-barrières et aides gardes-barrières femmes seront réparties en trois classes et le salaire journalier sera de : 1re classe, 1 fr. 25; 2e classe, 1 franc; 3e classe, 0 fr. 75, logement en sus.

*
* *

4° Tableau des traitements. — La commission, pour tous les agents de l'exploitation, de la traction et de la voie, sera de 1,200 francs au minimum, à l'exception des mécaniciens et chauffeurs.

Elle sera, pour les gardes-barrières et aides gardes-barrières, de : 460 francs pour la 1re classe, 370 francs pour la 2e et de 280 francs pour la 3e.

9° Durée du travail. — La journée sera de douze heures au maximum dans tous les services, coupée par un repos de deux heures, pris en tenant compte des exigences du service.

* *

11° Changement de service. — Le changement de service du jour à la nuit, et *vice versa*, se fera par quinzaine dans tous les services.

* *

12° Repos obligatoire. — Chaque agent aura droit *deux fois par mois* à une cessation de service de trente-six heures ininterrompues.

DEUXIÈME PARTIE

Adjonctions au programme de 1893

Règlement de retraite. — 1° Suppression totale du commissionnement à l'heure pour tous et dans tous les services ; son remplacement par le commissionnement à l'année ;

2° En attendant l'adoption du règlement de retraite proposé par la Chambre syndicale, lorsqu'un agent décédera après 55 ans d'âge, sans avoir pris sa retraite, qu'il soit célibataire ou veuf, les versements qu'il a opérés seront remboursés à ses enfants, même s'ils sont majeurs. (Disposition transitoire.)

* *

Tableau des traitements. — 1° Les agents du service de la voie des provinces extrêmes bénéficieront du même traitement que leurs camarades de la première zone, dont les appointements sont supérieurs, quoique leur travail et leurs heures de présence soient les mêmes ; il faut, en effet, considérer qu'avec les moyens de transport actuels, les vivres sont partout à peu près au même prix ;

2° Les agents non logés du service de la voie, de la traction et de l'exploitation, *ayant des appointements inférieurs à 2,000 francs*, recevront une indemnité de logement |de 30 à 40 centimes par jour, suivant qu'ils résident dans une ville au-dessous ou au-dessus de 10,000 habitants.

* *

Déplacements. — Les frais de déplacements seront payés par la gare où est fait ce déplacement aussitôt celui-ci terminé ; ils seront fixés à 3 francs pour tous et pour toute la durée.

* *

Avancement. — Des agents blessés en service sont, après guérison, occupés à des services sédentaires, quoique infirmes ou estropiés.

Ils remplacent des hommes valides, mais ils ne participent pas aux augmentations et aux avancements que leurs travaux et leurs années de services leur donnent droit d'espérer, au même titre que leurs camarades qui, plus heureux qu'eux, ont été épargnés sur le champ de bataille industriel.

La proposition ci-après est faite pour faire cesser un état de choses très préjudiciable aux intéressés, victimes d'accidents survenus dans leur pénible et périlleux labeur, car il est cruel et injuste que ces agents, déjà victimes d'une infirmité, soient encore frappés par la privation de droits acquis par leur mérite et leur ancienneté :

Chaque fois qu'un agent, qu'une blessure aura rendu infirme ou estropié, sera, après guérison, maintenu en service, il participera aux augmentations et à l'avancement auxquels il pouvait aspirer.

Service de santé. — Le médecin, qui aura accepté de donner les soins nécessaires aux agents d'une Compagnie, devra se rendre au domicile du malade le jour où il aura été appelé par ce dernier.

**

Changement de résidence. — Tout employé, appelé pour avancement ou pour raison de service à changer de résidence, ne pourra être déplacé sans son approbation, sauf cependant dans certains cas spéciaux à déterminer.

**

Rapatriement des employés quittant leur emploi. — Bien souvent, presque toujours, l'employé de chemin de fer est en résidence dans une localité éloignée de son pays natal; s'il perd son emploi, il peut, en raison de ses relations, trouver à s'occuper dans son pays natal ou dans toute autre contrée, mais les frais de voyage sont un obstacle qui l'oblige à se fixer où il se trouve.

C'est pour cette raison que la proposition suivante est déposée :

Tout employé, démissionnaire ou congédié, recevra des permis gratuits pour lui et sa famille, ainsi que des bons de transport pour son mobilier, sur la ou les Compagnies qu'il aura à emprunter pour se rendre à sa nouvelle résidence.

En outre, en cas de décès d'un employé ou d'un membre de sa famille à sa charge, la ou les Compagnies faciliteront l'inhumation du décédé dans son pays, en effectuant gratuitement le transport du corps.

**

Économats. — Les bénéfices réalisés par les économats seront répartis entre les employés, au prorata de leur consommation. Ils seront administrés par les ouvriers et employés qui s'y fournissent.

Cette proposition a pour but de transformer les économats en sociétés coopératives.

Il est bien entendu que ceux qui se fourniraient aux économats auraient à verser une somme à titre d'actionnaires.

**

Règlements, ordres de service. — Mise à la disposition du personnel de toutes les instructions publiées par les Compagnies (règlements et ordres généraux, ordres de service, circulaires, etc.), dans un local spécialement affecté à cet usage.

12° DÉLIBÉRATION SUR LE RÉSULTAT DES DÉMARCHES
AUX COMPAGNIES

Le 4ᵉ Congrès avait donné mandat au conseil d'administration de présenter à toutes les Compagnies le programme des revendications qu'il venait d'élaborer, puis de retourner à la fin de l'année au siège des Compagnies pour connaître leur réponse.

Le conseil d'administration a rempli ponctuellement son mandat, mais, comme on le verra dans son rapport, la réponse n'a pas été celle que les congressistes attendaient de la bienveillance de leurs directeurs, à la suite des protestations de dévouement qui leur avaient été faites.

Il appartiendra donc au 5ᵉ Congrès, à la suite du compte rendu de mandat que lui fera le conseil d'administration, de prendre telles décisions qu'il jugera utiles pour faire aboutir les revendications, de manière à tracer au conseil d'administration la ligne de conduite qu'il devra tenir.

13° BUDGET DE 1894-1895

Le dernier Congrès avait décidé d'arrêter les écritures au 31 décembre de chaque année.

Mais, par extension de cette mesure, le 4ᵉ Congrès n'a voté le budget que jusqu'au 31 décembre 1893, de sorte qu'à partir du 1ᵉʳ janvier jusqu'au 5ᵉ Congrès, le conseil est sans budget et se trouve dans l'obligation d'évaluer ses dépenses au moyen de douzièmes provisoires basés sur le budget épuisé.

Nous demandons donc qu'à partir de cette année, pour obvier à l'inconvénient qui se présente, le budget que le Congrès est appelé à voter, embrasse la période du 1ᵉʳ juillet jusqu'au 30 juin de l'année suivante, tout en continuant à arrêter les écritures de l'exercice au 31 décembre.

Nous basant sur les dépenses faites antérieurement et sur celles que, dès maintenant, nous pouvons prévoir, nous proposons au 5ᵉ Congrès le budget ci-après :

BUDGET DE 1894-1895

RECETTES PROBABLES

Adhésions (16.000)	8.000	»
Cotisations	90.000	»
Produits du journal	7.500	»
Intérêts des sommes placées	500	»
	106.000	»

DÉPENSES PRÉVUES

CHAPITRE Iᵉʳ. — *Frais de propagande.*

Circulaires, affiches, statuts	1.900	»		
Frais de réunions et de délégations	4.000	»		
Dépenses diverses	100	»		
			6.000	»

CHAPITRE II. — *Frais judiciaires.*

Honoraires d'avocats	4.000	»		
— d'avoués et frais judiciaires	6.500	»		
Appointements de l'employé du contentieux	2.400	»		
Frais de délégations	400	»		
— de correspondance	400	»		
— divers	300	»		
			14.000	»

CHAPITRE II. — *Dépenses des Congrès.*

1° 5ᵉ *Congrès.*

Travaux préparatoires	600	»		
Frais de salle	400	»		
Personnel occupé au Congrès; sténographe	400	»		
Compte rendu	400	»		
Dépenses diverses	200	»		
			2.000	»

2° *Congrès international.*

Travaux préparatoires	300	»		
Frais de salle	200	»		
Personnel occupé au Congrès; traducteurs	400	»		
Compte rendu	200	»		
Dépenses diverses	100	»		
			1.200	»
			3.200	»

CHAPITRE IV. — *Grèves et secours.*

Grèves	1.500	»		
Secours	3.000	»		
			4.500	»

A reporter…	27.700	»

Report........ 27.700 »

CHAPITRE V. — *Frais généraux d'administration.*

Imprimés divers....................	1.200	»
Indemnités omnibus des administrateurs.......................	1.200	»
Frais de correspondance............	1.800	»
Loyer du siège....................	1.200	»
Fournitures de bureau, éclairage, chauffage et dépenses diverses...	500	»

5.900 »

CHAPITRE VI. — *Personnel.*

Appointements du secrétaire général	3.600	»
— d'un employé principal..............		
— d'un caissier comptable.............	10.000	»
— de deux employés expéditionnaires.....		
(Le conseil fixera leurs appointements)		13.600 »

CHAPITRE VII. — *Frais de la commission de contrôle.*

Imprimés.........................	200	»
Indemnités omnibus des contrôleurs.	400	»
— au secrétaire de la commission................	300	»
Frais de correspondance............	250	»
Frais divers......................	50	»

1.200 »

CHAPITRE VIII. — *Dépenses du journal.*

Impression du journal..............	9.500	»
Frais d'expédition.................	5.200	»
Imprimés relatif au journal..........	250	»
Appointements de deux employés....	4.800	»
Dépenses diverses.................	50	»

19.800 »

TOTAL...... 68.200 »

RÉSUMÉ

Recettes probables.	106.000	»
Dépenses à déduire.......................	68.200	»
EXCÉDENT sur les recettes.	37.800	»

Proposition renvoyée à la commission du budget.

Appointements des employés du Syndicat. — Fixation des appointements de début à 1.800 francs, comme nous le demandons nous-mêmes aux Compagnies. Ils ne pourront être augmentés que par décision du Congrès. Il leur sera accordé douze jours de congé par an.

14° QUESTIONS ET PROPOSITIONS DIVERSES

Adhésion à la Bourse du Travail indépendante. — A la suite de la fermeture de la Bourse du Travail de Paris et de la dissolution de la commission exécutive chargée de l'administrer, une commission provisoire a été nommée, par les syndicats, à l'effet de constituer une *Bourse du Travail indépendante* et d'élaborer des statuts à cet effet.

Le conseil d'administration demande, en conséquence, au 5° Congrès de se prononcer sur les questions suivantes :

1° Adhésion à la Bourse du travail indépendante.
2° Participation pécuniaire,

Adhérents par fusion. — Des camarades membres du *Syndicat professionnel des employés de chemins de fer* (dit Syndicat Petit), ont abandonné ce Syndicat pour adhérer au nôtre.

Mais, en vertu d'une disposition inexplicable de la loi du 21 mars 1884, le président de leur ancien Syndicat les poursuit en payement des cotisations arriérées et d'une année d'avance.

Cet article de loi est inique et prive tout syndiqué qui ne peut verser cette somme de la liberté d'abandonner le Syndicat, si cela lui convient. Il est triste même que le Syndicat dont il s'agit demande l'application de la loi, dans ce cas; il donne ainsi la mesure de l'intérêt qu'il porte aux malheureux qui s'étaient fourvoyés dans cette organisation, à laquelle ils sont liés dorénavant toute leur existence.

Pour ces raisons, il est fait la proposition suivante :

Le 5ᵉ Congrès sera appelé à prendre telle mesure qui lui conviendra pour encourager à abandonner leur syndicat, les camarades dont la volonté serait de venir à nous, mais qui en seraient empêchés par leur manque de ressources.

***

Rapport à présenter au 2ᵉ Congrès international des chemins de fer d'octobre 1894. — Dans le compte rendu du 1ᵉʳ Congrès international des chemins de fer qui eut lieu à Zurich, en août 1893, compte rendu que nous avons envoyé aux sections, nos camarades ont certainement remarqué que, sur la proposition de la Hollande, il avait été question de créer une caisse internationale alimentée par une cotisation trimestrielle par membre.

Cette question a été renvoyée au 2ᵉ Congrès, que, sur notre demande, nous avons été chargés d'organiser, en octobre 1894; à ce 2ᵉ Congrès, nous devrons, par suite de la mission qui nous a été confiée, présenter un règlement pour la caisse internationale.

Cette caisse servirait, à notre avis, à couvrir les dépenses des Congrès internationaux.

Il nous paraît peu pratique de constituer, comme cela a été proposé, une caisse pour soutenir les grèves.

Pour permettre au conseil d'administration d'établir son rapport, nous demandons au 5ᵉ Congrès de formuler son opinion sur les questions suivantes :

Le but de la caisse internationale sera-t-il :
1° De couvrir les frais du secrétariat?
2° De solder les dépenses du Congrès?
3° De venir en aide aux grèves de la corporation?
4° De faire de la propagande par brochures, journaux, etc.?
Les versements pour constituer cette caisse seront-ils?
1° Trimestriels?
2° Mensuels?
Ce versement sera-t-il fait :
1° Par tête de syndiqué?
2° Ou par syndicat adhérent?
De combien sera ce versement?
Quelle nation sera chargée de gérer la caisse internationale?

15° VŒUX

Les propositions ci-après sont présentées au 5ᵉ Congrès sous forme de vœux :

Camionneurs de Paris P.-L.-M. (*Proposition de la section de Paris P.-L.-M.*). — Considérant que le public se croit en droit d'exiger que le camionneur dépose les colis dans le lieu qu'il désigne, soit à son appartement, soit à la cave;

Que les camionneurs sont avisés *verbalement* par leurs chefs qu'ils ne sont tenus ni de monter ni de descendre des colis, tant à la livraison qu'à l'enlèvement.

Que si, se référant à cette prescription verbale, un camionneur est l'objet d'une plainte de la part d'un expéditeur ou d'un destinataire, les chefs reprochent à l'agent d'avoir manqué de complaisance ou de politesse et lui infligent une punition imméritée;

Que pour donner aux camionneurs le moyen d'observer le règlement, d'une manière ou d'une autre, celui-ci, au lieu d'être verbal et communiqué seulement aux camionneurs, devrait être écrit, affiché et porté à la connaissance du public;

Pour ces raisons, les camionneurs de Paris P.-L.-M. demandent :

Qu'un règlement de service soit affiché dans les bureaux et postes où ils accèdent.

Ce règlement devra être placé dans les gares en vue du public; il devra établir :
1° Les rapports des camionneurs avec la Compagnie, la durée du service;
2° Les rapports des camionneurs avec le public.

D'autre part, sans qu'il soit nécessaire d'en exposer les motifs, les camionneurs de Paris P.-L.-M. demandent :

1° Que toutes les voitures circulant au trot soient pourvues d'un frein à levier ou à pédale, afin d'éviter les accidents nombreux qui résultent de ce manque d'agrès ;

2° Que le siège des voitures découvertes dites « flèches-camions » soit pourvu d'un tablier, imitant en cela la Compagnie d'Orléans.

**

Établissement du quart colonial en Algérie. (*Proposition de la section d'Alger.*) — Cette mesure serait pleinement justifiée en Algérie par la cherté de la vie en général et celle des loyers en particulier.

On ne peut trouver à se loger ici pour moins de 350 à 400 francs, et encore dans des conditions contraires aux lois les plus élémentaires de la propreté, de l'hygiène et souvent de la morale.

La modicité des salaires est plus accentuée en Algérie qu'en France ; cela seul suffit à légitimer la demande suivante :

Le quart colonial, dont bénéficient en Algérie tous les employés des administrations de l'État, sera établi pour tous les chemins de fer algériens.

**

Recrutement des aiguilleurs. (*Proposition de la section de Saint-Pierre-des-Corps.* — En général tous les aiguilleurs sont pris dans le service de l'exploitation ; il y aurait un grand avantage à les choisir dans le service de la voie, car, si dans le canton de 200 mètres (100 de chaque côté de leur poste), qu'ils peuvent avoir à surveiller, il arrive qu'un coussinet, une éclisse, une pointe de cœur, une lame ou une tringle d'aiguille, un rail ou un contre-rail se déplace, se fausse ou se brise, l'aiguilleur pris dans l'exploitation peut ne pas connaître à fond le danger qui en résulte et le moyen d'y parer immédiatement, tandis qu'un aiguilleur ayant travaillé à la voie pourra éviter un accident sans arrêter la circulation.

Tel est l'exposé des motifs de la proposition suivante :

Tous les aiguilleurs, sans distinction, sont pris exclusivement dans le service de la voie, parmi les agents ayant au moins trois ans de service à la voie.

**

REVISION DES RÈGLEMENTS

Dans toutes les Compagnies, des ordres généraux, règlements, circulaires ou avis datent de plus de trente années, sans avoir subi de modifications, malgré les exigences nouvelles d'un service plus intense.

Il en résulte que ces règlements surannés ne peuvent être observés ; on les viole au su et même sur l'ordre *verbal* des chefs ; mais s'il survient un accident ou une catastrophe, la Compagnie, son règlement en mains, en fait porter la responsabilité à un modeste agent.

Par contre, si celui-ci veut observer les règlements à la lettre, le service se fait d'une manière défectueuse et l'agent est *répréhensible* ; on n'hésite pas dans ce cas à le révoquer.

En conséquence, et dans l'intérêt du service, nous présentons la proposition suivante :

Tous les règlements, ordres généraux, circulaires, consignes ou avis seront revisés et établis de manière à pouvoir être observés. S'il en était ainsi, les agents qui n'exécuteraient pas réglementairement leur service pourraient être punis rigoureusement.

AVIS. — *Le Conseil d'administration invite les sections à lui faire parvenir les noms des délégués au 5ᵉ Congrès, ainsi que les rapports qu'elles établiront sur les différentes questions qui leur sont soumises.*

Comme les années précédentes, une réunion plénière des sections de Paris aura lieu le dernier jour du Congrès, c'est-à-dire le dimanche 27 mai ; tous les délégués sont instamment priés d'y assister.

PARIS. — IMPRIMERIE NOUVELLE (ASSOCIATION OUVRIÈRE), 11, RUE CADET.
A. MANGEOT, DIRECTEUR. — 839-94.

www.ingramcontent.com/pod-product-compliance
Ingram Content Group UK Ltd.
Pitfield, Milton Keynes, MK11 3LW, UK
UKHW022232070726
13613UKWH00004B/1903